Ein Fest bei Familie Igel

Bilder von Anny Hoffmann
Erzählt von Anne Peer nach einer Idee von H. Forster

Zucker, Mehl und Marmelade,
Eier, Butter, Schokolade –
Mama Igel braucht die Sachen.
Sie hat wirklich viel zu machen.

Mixen, Schokolade reiben,
Schlingel aus der Küche treiben,
sonst wird nichts mehr übrig sein.
Hm! Der Teig schmeckt wirklich fein!

Die gute Torte ist bereit –
grade noch zur rechten Zeit.
Gratuliert, ihr lieben Leute!
Mimi hat Geburtstag heute.

Schön, dass alle an sie denken,
kommen an mit den Geschenken.
Oma schickt den Blumengruß,
und von Baby kommt ein Kuss.

Mimi schaut sich alles an,
und sie freut sich, aber dann
will sie nur nach einem greifen –
nämlich nach dem blauen Reifen.

Erst beginnt sie ihn zu rollen
und mit ihm herumzutollen,
aber bald, es wird schon gehen,
fängt sie an, sich wild zu drehen.

Robi meint: „Das kann ich auch –
Reifen um den Igelbauch!"
Bobi zetert: „Ich komm' dran",
und fängt gleich zu raufen an.

Hin und her, ein Stoß und zisch –
Bobi fliegt in Richtung Tisch,
landet in der schönen Torte.
Mama findet keine Worte.

Mimi heult, und Baby schreit.
Mama sagt: „Das geht zu weit!"
Bobis Hose ist ein Graus,
doch wie sieht die Torte aus!

„Schimpf' nicht Mama! Einerlei!
Was passiert ist, ist vorbei."
Mimi ist schon wieder heiter,
ruft: „Kommt her, wir spielen weiter!"

„Was soll das schon wieder sein?
Noch ein Päckchen? Oh, wie fein!
Hoffentlich ist's was zum Naschen!"
Mimi lässt sich überraschen.

Große Schachtel, blaues Band,
rosa Streifen, glatter Rand.
Mimi rätselt hin und her,
und die Neugier plagt sie sehr.

„Ist es eine süße Speise?"
Robi, Bobi kichern leise.
Haben die zwei ausgeheckt,
was in dieser Schachtel steckt?

Bäh! Da springt ganz ungestüm –
Zunge raus – ein Ungetüm.
Lange Nase, frecher Blick –
ein gemeiner Schachteltrick!

Nur ein Spaß, nicht bös' gemeint,
und schon sitzen sie vereint,
lachen, lecken, schmatzen, essen,
und der Schrecken ist vergessen.

Mama seufzt: „Was für ein Tag!
Nichts als Ärger, Müh' und Plag'!
Doch jetzt schmausen sie zum Glück."
Robi nimmt sich noch ein Stück.

Klebemund und voller Bauch,
braune Flecken gibt es auch.
Mama wischt die Mäulchen rein.
Mimi meckert: „Muss das sein?

Wisst ihr noch, wie alt ich bin?
Sieben Jahre – immerhin!"
Wissen wir, du kleine Maus!
Abend wird's. Das Fest ist aus!

© Copyright 2014 by
Verlagsbuchhandlung Julius Breitschopf GmbH.
Das Werk ist weltweit urheberrechtlich geschützt,
dies gilt auch für alle jene Vervielfältigungsmöglichkeiten,
die zur Zeit der Veröffentlichung noch nicht bekannt waren.
Alle Rechte vorbehalten.

© Genehmigte Lizenzausgabe der
Verlagsbuchhandlung Julius Breitschopf GmbH
für Tandem Verlag GmbH, Birkenstraße 10, D-14469 Potsdam

Gesamtherstellung: Tandem Verlag GmbH, D-14469 Potsdam

www.tandem-verlag.de

ISBN 978-3-8427-0571-5